BEI GRIN MACHT SICH IHR WISSEN BEZAHLT

Serious-Virtual-Reality-Games in deutschsprachigen Unternehmen. Erfolgsfaktoren zur Implementierung und Nutzung

Max Müller-Christiansen
Fabian Nowak
Johannes Geuther

Bibliografische Information der Deutschen Nationalbibliothek:

Die Deutsche Nationalbibliothek verzeichnet diese Publikation in der Deutschen Nationalbibliografie; detaillierte bibliografische Daten sind im Internet über http://dnb.d-nb.de abrufbar.

ISBN: 9783346697783
Dieses Buch ist auch als E-Book erhältlich.

© GRIN Publishing GmbH
Trappentreustraße 1
80339 München

Druck und Bindung: Books on Demand GmbH, Norderstedt Germany
Gedruckt auf säurefreiem Papier aus verantwortungsvollen Quellen

Das Buch bei GRIN: https://www.grin.com/document/1257066

Hochschule für Technik und Wirtschaft Dresden
Friedrich-List-Platz 1
01069 Dresden

Sommersemester 2022

Belegarbeit

Analyse von Erfolgsfaktoren zur Implementierung und Nutzung von Serious-Virtual-Reality-Games in deutschsprachigen Unternehmen

Inhaltsverzeichnis

Abbildungsverzeichnis

1. Deutsche Industrie im digitalen Wandel

Aufgrund des andauernden Fortschrittes im Bereich des digitalen Wandels, ist es relevant, dass Unternehmen mit dieser Entwicklung einhergehen, um keine Nachteile gegenüber den Konkurrenten zu erfahren, basierend auf den rapiden Weiterentwicklungen der Möglichkeiten. Daher ist es essenziell die Begriffe und Grundlagen der Industrie 4.0, Digitalisierung, Serious-Virtual-Reality-Games zu kennen und zu verstehen.

Im Zuge dieser Arbeit werden wir die genannten Themenbereiche definieren und uns mit der Frage: „Welche Erfolgsfaktoren sind für eine effiziente Implementierung und eine nachhaltige Nutzung von Serious-Virtual-Reality-Games in deutschsprachigen Unternehmen notwendig und wie groß ist ihr Einfluss?" auseinandersetzen, um hierzu das entsprechende Know-how für Unternehmen bereitzustellen. Das Problem hierbei ist, herauszufinden, wie man den Erfolg einer Nutzung/Implementierung eines Serious-Virtual-Reality-Games messbar machen kann. Dazu werden wir diverse Erfolgsfaktoren ermitteln und bewerten und uns für eine Auswahl entscheiden, welche einen direkten Einfluss auf die effiziente Implementierung und die nachhaltige Nutzung aufweisen. Mittels einer Präferenzanalyse werden wir ermitteln, wie groß der Einfluss von jenen Erfolgsfaktoren (Nutzung und Implementierung von Serious-Virtual-Reality-Games) auf die Möglichkeiten von Unternehmen ist, obwohl es sich um eine Art Spiel handelt und „[...] Unternehmen durch eine eher konservative[s] Führungs- und Managementverständnis [...]" geprägt sind (Strahringer & Leyh, 2017, S. 49).

Abbildung 1: Venn-Diagramm zur Zusammensetzung von Serious Games (in Anlehnung an Frederick Joseph F., 20.03.2016)

Zur Beantwortung unserer Forschungsfrage möchten wir zunächst Begriffe definieren und theoretischen Grundlagen darlegen. Um eine Aussage zu Erfolgsfaktoren treffen zu können, müssen Methoden zur Erfolgsfaktorenforschung angewendet werden. Wir haben uns für die Methode der „indirekte Ermittlung" mithilfe einer Präferenzmatrix entschieden. Somit haben wir ein Verfahren, mit dem wir aus Erfolgsfaktoren zwischen Einfachen, Wichtigen und Kritischen Erfolgsfaktoren unterscheiden können. Der Einfluss auf die Effizienz einer Implementierung und auf eine nachhaltige Nutzung für Unternehmen können wir mithilfe dieser sichtbar machen.

Der Begriff Digitalisierung kommt von der deutschen Übersetzung von EDP (Electronic Data Processing Systemen), EDV (Elektronische Datenverarbeitung) und beschreibt „[...] die Optimierung bestehender Prozesse [...] durch den Einsatz moderner Informationstechnologie" (Groß & Pfennig, 2019, S. 38). Als 1954 dieser Begriff zum ersten Mal in der vom IBM vorgestellten Serie von EDP-Systemen erwähnt wurde waren die Ausmaße, welche die Digitalisierung annehmen würde, vermutlich nicht bekannt. Heutzutage ist „[...] der damit verbundene Umfang erweiterter Themen wesentlich größer als damals [was allerdings] ganz einfach bedingt durch die technologischen Fortschritte und die damit verbundenen Möglichkeiten [...]" ist (Groß et al., 2019, S. 37–38). Bei der Digitalisierung steht die Optimierung gegenüber der Schaffung von neuen Prozessen im Vordergrund, indem alte Abläufe erneuert werden.

Grundsätzlich kann man sagen, dass die „Digitalisierung in der Produktion [...] die Fortführung dessen [ist], was als Automatisierung begonnen hat. Hier steht der Computer im Vordergrund, die digitale Auswertung von Daten. Fortschritte entstehen durch den Zugriff auf riesige, bisher nicht gekannte Datenreservoirs (Big Data) sowie die Möglichkeit durch höhere Rechnerleistung, diese auch auszuwerten" (Mockenhaupt, 2021, S. 35).

Viele Unternehmen in Deutschland haben schon einen digitalen Wandel vollbracht, oder sind dabei diesen zu vollziehen. (DIHK, 2021) Jedoch „[...] scheint es oft so, dass gerade Unternehmen im Mittelstand diese Notwendigkeit noch nicht erkannt haben" (Groß et al., 2019, S. 46). Viele Kleinunternehmen, mit geringen finanziellen Mitteln, lehnen eine Digitalisierung aufgrund der Investitions- und Umstrukturierungskosten ab, ohne dabei den potenziellen Nutzen, den eine Digitalisierung ihnen bringen könnte, zu bewerten (GfK, 2021; TNS Infratest, 2014).

Industrie 4.0 und die Digitalisierung konfrontieren Mitarbeiter*innen und Führungskräfte. „[...] Ein Aufbau und Ausbau von Qualifikationen und Kompetenzen von Ingenieurinnen und

Ingenieuren […]" ist erforderlich um die Vorteile, wie zum Beispiel erhöhte Flexibilität, schnelle Innovationen und die Erschließung neuer Geschäftsfelder, welche die Industrie 4.0 mit sich bringen kann, zu realisieren (Lehmann, Engelhardt & Wilke, 2021, S. 93). Die Industrie 4.0 setzt auf „[…] eine lückenlose Integration aller relevanten Prozesse im Kontext der Fertigung […] und letztlich die steigende Kundenbedürfnis Befriedigung" (Groß et al., 2019, S. 67).

2. Theoretische Grundlagen

2.1. Serious Virtual Reality Games

Der englische Begriff „Serious-Virtual-Reality-Games" (SVRG) kann in die Unterkategorien „Virtual Reality" und „Serious Games" geteilt werden. Hinter „Virtual Reality" steckt die „Technik zur Erzeugung einer möglichst glaubwürdigen virtuellen Realität" (Fischer-Stabel, 2018, S. 35). Umgesetzt wird die fiktive Wirklichkeit mit der Erzeugung optischer Reize, die ergänzt werden können durch akustische und haptische Effekte (Fischer-Stabel, 2018, S. 169). Diese virtuelle Welt wird ermöglicht durch angepasste Software zum Beispiel Unreal Engine oder CryEngine und einer physischen Komponente, im Fachjargon wird von Head-Mounted-Displays, kurz HMDs gesprochen, die dem/der Benutzer*in die Interaktion mit der Software ermöglichen (Fischer-Stabel, 2018, S. 35–36). HMDs werden heutzutage VR-Brillen genannt, da sie wie eine herkömmliche Brille in Höhe der Augenpartie, getragen werden. Sie umschließt beide Augen vollständig und wird um den Kopf meist mit einem dehnbaren Band befestigt. Im Jahre 2016 zeichnet sich eine solche Brille durch ihren kostengünstigen Erwerb und hohe Immersion aus (Fischer-Stabel, 2018, S. 170). Neben Head-Mounted-Displays werden aber auch 360-Grad-Videos für Smartphones oder Räume, deren Wände als Projektionsflächen dienen, mit zur virtuellen Realität gezählt (Fischer-Stabel, 2018, S. 176).

Historisch gewachsen ist die Idee im 20. Jahrhundert, 1968 wurde das erste Head-Mounted-Display entwickelt, das zu der Zeit aber noch so schwer war, dass es an der Decke befestigt werden musste. Die NASA nutzte VR-Technik zum Training von Astronauten und der Steuerung von Robotern, außerdem verfolgten sie das „Virtual Planetary Exploration Project - VPE" zur dreidimensionalen Interaktion und Visualisierung von Daten einer Marssonde. Vergleichbar war diese Technik mit heutigen Standards noch nicht, erst 1993 brachte Nintendo das erste Head-Mounted-Display auf den Markt. Aufgrund des hohen Preises und der geringen Auflösung, die 320x200 Pixeln betrug, konnte sich das Gerät nicht etablieren. Um die VR-Technik der breiten Masse zugänglich zu machen vergehen über 20 Jahre bis der Hardwarehersteller HTC und Valve im Jahre 2015 ihr VR-System HTC Vive vorstellen. Im folgenden Jahr werden gleich 3 VR-Brillen auf den Markt gebracht, die schon angekündigte HTC Vive, Oculus Rift und Playstation VR (Fischer-Stabel, 2018, S. 172–175).

Aktuelle VR-Brillen funktionieren autonom, können aber trotzdem mit einem Computer verbunden werden. Dabei ist die Leistungsstärke des Computers nur teilweise entscheidend für die Qualität der VR-Darstellung. Die Brille ist mit einem Display und Sensoren ausgestattet, die Sensoren senden Daten wie zum Beispiel Ausrichtung und Position an den Computer, der mit den Informationen ein gerendertes Bild zurück an das VR-System schickt und auf das Display projiziert (Fischer-Stabel, 2018, S. 170).

Das Anwendungsgebiet ist weiträumig, von militärischem Einsatz über Therapien bis hin zur Kinderunterhaltung, findet das Virtual-Reality-System Anklang. Der Militärsektor bediente sich als Vorreiter der Technik, die Technologie wurde genutzt, um Gefechtssituationen zu simulieren oder in der virtuellen Umgebung das Fahren und Warten von Fahrzeugen zu üben. Auf dem Weg zum fertig ausgebildeten Piloten werden Flugsimulatoren verwendet, um in sicherer Umgebung die Grundlagen des Fliegens zu vermitteln. In der Medizin werden virtual-reality-gestützte Therapieprogramme erprobt, so konnten Phobiker*innen in glaubhafter Umgebung mit ihren Ängsten konfrontiert werden, Suchtpatient*innen bietet es die Möglichkeit ihrem Verlangen zu widerstehen oder auch Alzheimerpatient*innen, deren Orte aus der Kindheit simuliert wurden, sprachen positiv auf die Therapie an. Angehende Ärzt*innen bekommen die Chance simulierte Sezierungen vorzunehmen oder Chirurgen bereiten einen schwierigen Eingriff virtuell vor. Die Industrie bleibt dem technischen Fortschritt auch nicht fern, so werden Design-Prototypen bereits heutzutage in virtueller Realität entwickelt, um Zeit und Material zu sparen. Die Maschinenbaubranche setzt auf Virtual-Reality in Konzeption, Simulation und Qualitätssicherung bei der Produktion. Das größte Anwendungsgebiet für Virtual Reality ist jedoch die Entertainmentbranche, Spielfilme oder auch Live-Auftritte sind in VR möglich, welche einen erheblichen Einfluss auf die Verbreitung von Virtual Reality-Systemen im privaten Bereich haben. Die Gaming-Industrie stieg ebenfalls in den Markt ein und es wurden bereits erste Spiele für VR-Brillen entwickelt. Der Anwendungsbereich für VR mit dem wir uns in dieser wissenschaftlichen Arbeit näher auseinandersetzen werden ist der Bildungssektor. In Schulen bietet sich ein virtual-reality-gestützter Unterricht an, indem Tiere und Pflanzen dreidimensional visualisiert werden können. Trainings- und Auswahlprozesse werden bereits mit Virtual Reality durchgeführt wie oben aufgeführt in der Luftfahrt oder Militär (Fischer-Stabel, 2018, S. 175–177).

„Es handelt sich beim Serious Gaming somit um Spiele, die (zusätzlich) einem ernsten bzw. produktiven Ziel dienen" (Strahringer & Leyh, 2017, S. 5). Die Grundlage für Serious Games ist die sogenannte Enterprise Gamification, die durch das Einbinden spielerischer Elemente eine höhere Motivation der Mitarbeiter*innen bei Arbeits- und Lernprozessen erreichen möchte. Dazu zählen Punktelisten, verschiedene Spielebenen, High Scores und Freischaltung von virtuellen Gütern. Zugrunde liegt das Grundbedürfnis des Menschen nach Erfolg und Belohnungen, dem sich bei der Entwicklung zu Nutze gemacht wurde, so erhält ein Mitarbeiter ein besseres Ranking oder kann den High Score knacken, wenn er seine Aufgaben besonders schnell oder qualitativ hochwertig erledigt. Es wird erreicht, dass der Teilnehmer nicht nur theoretisches Wissen erwerben kann sondern auch erfahrungsbasiertes Wissen, das in den Situationen vermittelt wird (Strahringer & Leyh, 2017, S. 4–5).

Kombiniert man Virtual Reality und Serious Games erhält man ein immersives Spielerlebnis mit Fokus auf dem Vermitteln erfahrungsbasierten Wissens in einer virtuellen Umgebung. Um ein Serious-Virtual-Reality-Game zu erstellen, spielen zwei Schlüsselelemente eine entscheidende Rolle: Zielpublikum und Anwendungsbereich. Ob Schüler*in, Auszubildende oder Fachkräfte, das Serious-Virtual-Reality-Game muss alle Ansprüche ihrer späteren Benutzer*innen erfüllen. Für ein SVRG wurden vier Hauptziele definiert: Interaktion, Immersion, Einbeziehung der Benutzer*in und Fotorealismus. Jedes Ziel bekommt eine andere Gewichtung je nach Zielgruppe und Anwendungsbereich. Die Entwicklung startet mit einem vorläufigen Design, es werden Ziele und Wünsche der Kund*innen erfasst und in Zusammenhang mit ihrem späteren Zweck gestellt. Besonders Wert wird auf den didaktischen Hintergrund gelegt, welche Fähigkeiten oder Wissen soll erworben und welche Zwischenziele können eingefügt werden. Hinzukommen Bewertungsmaßstäbe, die den Lernfortschritt der Teilnehmer*innen und damit auch die Effektivität des SVRGs messen. In der nächsten Entwicklungsstufe wird das Augenmerk auf die einzelnen Aufgaben gelegt, die die Teilnehmer*in in virtueller Umgebung lösen soll. Es werden Materialen modelliert mit denen spätere Interaktionen möglich sein sollen. Der Spieler*in soll es möglich sein fast vollständig in die virtuelle Welt einzutauchen, deshalb sind sowohl interaktive als auch nicht-interaktive Gegenstände nahezu fotorealistisch herzustellen, abhängig von der Zielgruppe kann es zu großer Variation kommen. Der letzte Entwicklungsschritt, die Bewertung des Spiels, wird in die Messung des Fähigkeiten- und Wissenserwerbs und die Messung der Benutzererfahrungen unterteilt. Werden Fähigkeiten und Wissen in dem gewünschten Maße vermittelt, so ist es ein erfolgreiches Serious-Virtual-Reality-Game. Außerdem wird stark auf die Nutzererfahrung eingegangen, zum Beispiel Sequenzen können zu überwältigend sein oder Interaktionen funktionieren nicht wie gewünscht (Checa & Bustillo, 2019, S. 5503–5504).

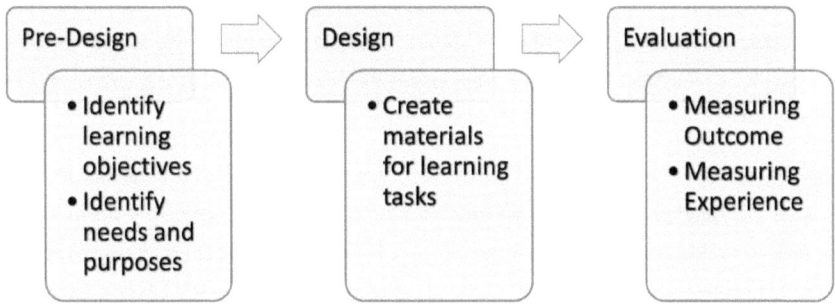

Abbildung 2: Entwicklung eines SVRG (in Anlehnung an Checa & Bustillo, 2019, S. 5503)

Das Gebiet ist noch nicht vollständig erforscht, aber erste Studien kamen zu dem Entschluss, dass die Nutzerzufriedenheit bei SVRG deutlich höher ist als bei herkömmlichen Lernmethoden. Ebenso wurde festgestellt, dass das volle Trainingspotenzial nicht ausgeschöpft werden konnte, wenn die Teilnehmer*in unerfahren im Umgang mit der neuen Technik sind (Checa et al., 2019, S. 5518). Eine neuere Studie kann das nicht bestätigen, die Teilnehmer*innen fanden sich besser im Umgang mit VR-System zurecht und haben zudem auch noch bessere Ergebnisse erzielt als Teilnehmer*innen, die am Computer oder durch herkömmliche Lernmethoden unterrichtet wurden. Die Testgruppe, die mit dem VR-System gelernt hat, konnte Aufgaben schneller und mit weniger Fehlern bewältigen, sie baute ein besseres Verständnis auf und konnten Elemente schneller erkennen (Checa, Miguel-Alonso & Bustillo, 2021, S. 16). Die Quintessenz der Studien ist die enorme Chance von Virtual-Reality-Serious-Games und deren Einfluss auf zukünftige Lernmethoden (Checa et al., 2019, S. 5519–5520; Checa et al., 2021, S. 16–17).

2.2. Methodik der Erfolgsfaktorenforschung

In den 1960er Jahren entstand ein Programm, das von rund 300 Unternehmen eine systematisch jährliche Erfassung von Unternehmensdaten erhob um damit die Veränderung des ROI (Return on Investment), der Kapitalrendite, mithilfe eines multiplen Regressionsmodells auf sieben Haupteinflussgrößen zu verdichten (Wolff, Hermann & Niggemann, 2004). Das sogenannte PIMS-Programm (Profit Impact of Marketing Strategies) gilt somit „als „Keimzelle" der Erfolgsfaktorenforschung" (Wolff et al., 2004). Das PIMS-Programms wurde jedoch 1999 eingestellt, da seine Modellierung und Methoden zeitlich statisch und damit veraltet sind (Wolff et al., 2004).

Um die richtige Methode für die Untersuchung von Erfolgsfaktoren zu ermitteln, müssen sowohl die gängigsten Methoden zu dem Thema als auch deren historische Entwicklung betrachtet werden, um zu verstehen warum eine Methode geeignet oder ungeeignet sein könnte. Eine Methode gilt in dieser Arbeit dann als geeignet, wenn sie dazu beiträgt wertvolle Ergebnisse, die einen wissenschaftlichen Mehrwert schaffen, zu liefern.

Um strategische Erfolgsfaktoren empirisch zu identifizieren, gibt es nach Haenecke zum einen die direkte als auch die indirekte Ermittlung. Beide Methoden stützen sich dabei auf Expert*inneninterviews. Unter der direkten Ermittlung versteht man ein „[...] Expertengespräche [in denen man] nach den erfolgsbeeinflussenden Variablen mit [...] methodischer (Kreativitätstechniken, heuristische Verfahren) oder materieller Unterstützung (Checklisten, Bezugsrahmen) [fragt]" (Schmalen, Kunert, Weindlmaier, 2006). „Bei der indirekten Ermittlung [...] wird versucht, einen empirischen Zusammenhang zwischen [aus den Expert*inneninterviews ermittelten] potenziellen Erfolgsfaktoren [...] und Erfolgsmessgröße [...] aufzudecken" (Schmalen, Kunert, Weindlmaier, 2006)). Je nach Anwendbarkeit auf die eigene Forschungsfrage und der Aktualität der Daten empfiehlt es sich eine eigene Expert*innenbefragung durchzuführen. Weiterhin unterscheidet sich „die indirekte Ermittlung [...] nach der Art der Datenerhebung in qualitative und quantitative [Untersuchungsschemata]" (Schmalen, Kunert, Weindlmaier, 2006). Das qualitative Untersuchungsschema wird meist ohne statistische Methoden ausgewertet (Schmalen, Kunert, Weindlmaier, 2006). Mit einer qualitativen Studie „In Search of Excellence" (1982) ermittelten Peters und Waterman auf Grundlage des qualitativen Untersuchungsschema weiche, also nicht mathematisch analysierbare, Faktoren (Schmalen, Kunert, Weindlmaier, 2006; Wolff et al., 2004). Obwohl die Studie durch „plakative Übervereinfachung und ungenügende Problembewältigung" eher den Populärwissenschaften zugeordnet werden muss, erreichte die Veröffentlichung dennoch eine hohe Resonanz in der Praxis (Wolff et al., 2004). Um einen statistischen Zusammenhang zwischen potenziellen Erfolgsfaktoren und Erfolgsmessgrößen herzustellen, bedient man sich dem quantitativem Untersuchungsschema. Die zu untersuchenden Unternehmensdaten liegen dabei in einem quantifizierbaren Rahmen und damit mathematisch auswertbar vor (Schmalen, Kunert, Weindlmaier, 2006). Als Impulsgeber für die deutschsprachige statistische Erfolgsfaktorenforschung wird die Arbeit „Strategische Erfolgsfaktoren im Einzelhandel: eine empirische Analyse am Beispiel des Bekleidungsfachhandels" von Paul-Josef Patt aus dem Jahr 1988 angesehen, da die in der Arbeit einbezogenen Daten operationalisiert dargestellt wurden (Wolff et al., 2004). Damit löste Patt zusätzlich ein Kernproblem des PIMS-Programms, die fehlende Operationalisierung. Anfang der 1990er Jahre schienen die meisten Erfolgsfaktoren gefunden zu sein, sodass andere Wege gefunden werden mussten, um „neue" Erfolgsfaktoren zu finden. Während sich der Großteil der Forschung der direkten Ermittlung widmete, veröffentlichte Kube 1991 eine quantitativ-konfirmatorische Arbeit „Erfolgsfaktoren in Filialsystemen", die aufgrund ihrer Untersuchung von anderen Studien, zum Thema Strategische Erfolgsfaktoren, mithilfe einer Metaanalyse zu einem Meilenstein der deutschen Erfolgsfaktorenforschung wurde (Wolff et al., 2004, S. 264–265). Aufgrund des wissenschaftlichen Anstoßes dieser Arbeit entstanden, im Rahmen von Meta-Studien, zahlreiche weitere Kriterienkataloge (Wolff et al., 2004, S. 264–265).

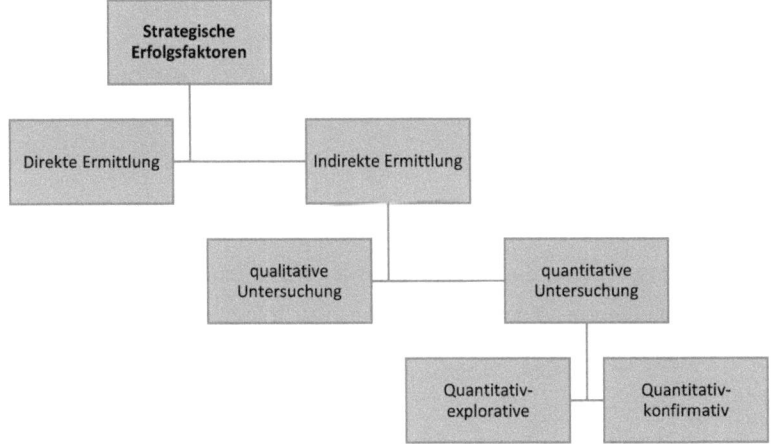

Abbildung 3: Methoden zur Identifikation von Erfolgsfaktoren (In Anlehnung an Haenecke, 2002, S. 168, zitiert nach Wolf et al., 2004, S. 263)

Aufgrund der modulspezifischen Anforderungen und des Umfanges dieser Literaturarbeit haben wir uns gegen eine eigene Expert*innenbefragung und für eine indirekte Ermittlung zur Analyse unserer Kritischen Erfolgsfaktoren entschieden, obwohl die Anwendbarkeit als auch die Aktualität der Daten nicht optimal sein könnte. Eine Metaanalyse ist aufgrund der Literatur- und Datenverfügbarkeit ebenfalls aus Ressourcenmangel nicht möglich.

Um Kritische Erfolgsfaktoren (KEF) aus Erfolgsfaktoren zu ermitteln müssen geeignete Verfahren ausgewählt werden. Aufgrund unserer Forschungsfrage muss das Verfahren, in der Lage sein Erfolgsfaktoren hinsichtlich ihrer Wichtigkeit zu bewerten. Gleichzeitig sollen alle Handlungsschritte systematisch und nachvollziehbar sind. Obwohl eine quantitative Bewertungsmethode nach Patt eine Möglichkeit zur Analyse der Erfolgsfaktoren gewesen wäre, so wird sich diese Arbeit, aufgrund des Umfangs, auf qualitative Bewertungsmethoden beschränken. Um die KEF zu ermitteln, bietet sich eine Prioritätenanalyse an. Dabei werden Kriterien in einer Präferenzmatrix paarweise verglichen. Der Output gibt die Kriterien in einer Rangfolge, bezogen auf die Wichtigkeit, wieder.

3. Kritische Erfolgsfaktoren

Für die praktische Umsetzung der Methodik haben wir folgende Kategorisierung nach Langer (2020) übernommen: Storytelling mit den Subkategorien „geschichtlicher Hintergrund und Thematik" und „räumliche Interaktion", Experience mit den Subkategorien „Nutzer*innenbedürfnisse" und „körperliche und räumliche Interaktion" und Economy mit den Subkategorien „Teambildung und Austausch" und „Ökonomie und Ökosystem". Jede Subkategorie besitzt eigene Erfolgsfaktoren, die paarweise innerhalb der Subkategorie verglichen werden. Die aus der Präferenzmatrix ermittelte Summe wird durch die mögliche Gesamtpunktzahl dividiert und als Index betitelt. Die Indizes sind nur innerhalb der Subkategorie vergleichbar. Alle Erfolgsfaktoren mit einem Indexwert größer gleich 0,5 werden als Wichtige Erfolgsfaktoren, alle mit einem Indexwert unter 0,5 als Einfache Erfolgsfaktoren angesehen. Erfolgsfaktoren mit der höchsten Wertung innerhalb einer Subkategorie werden als Kritische Erfolgsfaktoren bezeichnet.

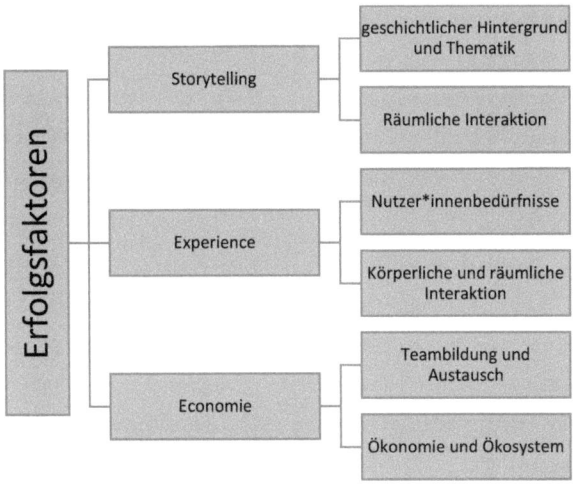

Abbildung 4: Kategorisierung von SVRG Erfolgsfaktoren (In Anlehnung an Langer, 2020)

In der Kategorie „Storytelling" haben 9 Erfolgsfaktoren einen Indexwert größer gleich 0,5 erreicht. Sie verbindet Geschichten mit neuer Dramaturgie, Erzählformen und Stilmitteln um der dreidimensionalen körperlichen Wahrnehmung der Nutzer*innen gerecht zu werden (Langer, 2020, S. 106). Diese Kategorie wird geteilt in „Thematik und geschichtlicher Hintergrund", die sich mit der inhaltlichen Seite beschäftigt und „räumliche Interaktion", die auf den Input der Benutzer*in eingeht. Die „individuelle Erfahrung über etwas oder sich selbst", beschreibt einzigartige Erlebnisse in der simulierten Umgebung. Eindrückliche individuelle Erinnerungen können langfristig einen größeren Einfluss auf die Teilnehmer*in haben und besser, wenn notwendig, abgerufen werden. Ein weiterer Faktor sind „Entdeckungen", das bedeutet, dass die Teilnehmer*in in der virtuellen Geschichte verschiedene Elemente und Interaktionen erforschen kann. Positive als auch herausfordernde Erlebnisse sorgen für ein abwechslungsreiches VR-Abenteuer. Natürliche sensorische Reize, die bei Virtual Reality besonders auf den visuellen, akustischen und haptischen Sinn ausgelegt ist, sorgen für ein immersives Spiel- und Lernerlebnis. Diese Reize sollen den Benutzer*innen vermitteln physisch im Raum anwesend zu sein (Langer, 2020, S. 23). Distanzüberwindung kann etwas irreführend sein, gemeint ist das schonende Wechseln von Räumen in der virtuellen Welt, um die Benutzer*in nicht zu überfordern. Die Raumsprünge sollen sanft und nachvollziehbar sein, weil es eine noch nicht vom Gehirn gelernte Erfahrung sein kann (Langer, 2020, S. 105). Vertrautheit und Einfachheit im Umgang mit Virtual-Reality-Systemen kann eine positive Grundeinstellung gegenüber dem Medium erzeugen (Langer, 2020, S. 111). Belohnungen stellen die Möglichkeit dar die Proband*innen für verschiedene Abläufe oder Interaktionen ein positives Feedback zu geben, wenn sie zufriedenstellend erledigt wurden. Außerdem können in Virtual Reality Belohnungen in Form von neuen Gedanken oder Information für die Lösung einer Aufgabe vergeben werden (Langer, 2020, S. 105). Mit der Beliebtheit, wird Virtual Reality akzeptiert und ist beliebt, steigt gleichermaßen auch die Chance auf eine erfolgreiche Nutzung (Langer, 2020, S. 106).

In der Kategorie „Experience" haben 6 Erfolgsfaktoren einen Indexwert größer gleich 0,5 erreicht. Das Ziel ist die Steigerung des Präsenzerlebnisses und die immersive Spielerfahrung. In dieser Kategorie wird in „Nutzer*innenbedürfnisse" und „räumliche und körperliche Interaktion" getrennt. „Nutzer*innenbedürfnisse" fokussieren sich auf das generelle Wohlbefinden der Teilnehmer*innen in Bezug auf das Virtual- Reality-Spiel. Die „räumliche und körperliche Interaktion" zielt auf die Handlungsmöglichkeiten der Teilnehmer*innen in virtueller Umgebung ab. Körperliches und räumliches Wohlbefinden beschreibt den Zustand, wenn die Teilnehmer*innen vollständig in der virtuellen Welt versinken und sich trotzdem geborgen und vertraut in der Simulation zurechtfinden. Einhergehend mit dem Wohlbefinden spiegelt sich die Orientierung und Sicherheit der Benutzer*innen in der virtuellen Realität wider. Selbstbestimmte Interaktionen sorgen für ein einmaliges und individuelles Spielerlebnis, Spieler*innen sollen abhängig von ihren Entscheidungen andere Ergebnisse erhalten (Langer, 2020, S. 111). Der Wunsch nach Unterhaltung, Information und Wissen stellt eine gewisse Neugierde der Proband*innen dar, um das Virtual-Reality-Game voranzutreiben. Die Benutzer*innen sollten bestmöglich in die Virtualität integriert sein, um ein natürliches Spielerlebnis zu unterstützen.

In der Kategorie „Economy" haben 6 Erfolgsfaktoren einen Indexwert größer gleich 0,5 erreicht. Die Kategorie bildet den ökonomischen Rahmen um das Thema „Virtual Reality", wirtschaftliche und personelle Faktoren sind maßgebend. Unterkategorien sind „Teambildung und Austausch" und „Ökonomie und Ökosystem". Teambildung und Austausch fokussieren sich auf den Menschen und Ökonomie und Ökosystem auf wirtschaftliche Faktoren. „[…] Methodenkenntnis [begünstigt] die Entwicklung von Produkten für AR und VR, die ein Nutzerbedürfnis erfüllen […]" (Langer, 2020, S. 47). Eine „offene Diskussions- und Entscheidungskultur" steht für einen Austausch aller Teammitglieder*innen über neuartige Erkenntnisse und potenzielle Nutzer*innenbedürfnisse (Langer, 2020, S. 100). Der Zugang zu Finanzierungsmöglichkeiten steht für ausreichend liquide Mittel, um ein VR-Projekt finanzieren zu können und kann durch Förder- und Forschungsmittel erfolgen (Langer, 2020,

S. 102). Die „Informations- und Wissensvermittlung, Unterhaltung" stellt den Wissenstransfer zwischen dem Medium und dem Menschen her, einem besseren Verständnis des Gelernten und der Unterhaltungskomponente (Langer, 2020, S. 105). Der „Austauschen von Mitbewerber*innen" bildet die Grundlage für die Weitergabe von Erfahrungen und Produktionserkenntnissen (Langer, 2020, S. 102). Für ein erfolgreiches Geschäftsmodell benötigt es sowohl Daten, zur Entwicklung und Optimierung, als auch Nutzer*innen, die Virtual-Reality-Games testen und benutzen (Langer, 2020, S. 103).

3.1.Erfolgsfaktorenauswertung Effiziente Implementierung

Eine Effiziente Implementierung bedeutet das einmalige Einsetzen eines SVRG-Projekts in eine neue oder bestehende Unternehmensstruktur, ohne einen Mehraufwand zu schaffen. Ein Mehraufwand sind Unternehmensressourcen, die aufgrund von Entscheidungen verbraucht werden, ohne dass dies für das Einsetzen eines SVRG-Projekts notwendig gewesen wären. Äußere Einflüsse, wie rechtliche Regularien oder Preisschwankung in der Beschaffung, werden hierbei als gegeben angesehen und haben keinen Einfluss auf die Effizienz. Dieser Definition liegen die Bewertungen der Präferenzmatrix zugrunde.

In der Kategorie Storytelling, Subkategorie Thematik und geschichtlicher Hintergrund stellt sich die „Individuelle Erfahrungen über etwas oder sich selbst" als Kritischer Erfolgsfaktor heraus. „Entdeckungen" und „Erlebnisse" setzen sich als Wichtige Erfolgsfaktoren durch. „Einzigartigkeit" und „Exklusivität" sind Einfache Erfolgsfaktoren. In der Subkategorie Räumliche Interaktion stellt sich die „natürliche sensorische Reize" als Kritischer Erfolgsfaktor heraus. „Distanzüberwindung" und „Einfachheit" setzen sich als Wichtige Erfolgsfaktoren durch. „Bekanntheit", „Vertrautheit", „Beliebtheit" und „Belohnung" sind Einfache Erfolgsfaktoren.

In der Kategorie Experience, in der Subkategorie Nutzer*innenbedürfnisse stellt sich ein „Körperliches räumliches Wohlbefinden" als Kritischer Erfolgsfaktor heraus. „Vertrautheit mit Medium" und „Wunsch nach Unterhaltung, Information und Wissen" sind Einfache Erfolgsfaktoren. In der Subkategorie räumliche und körperliche Interaktion stellt sich die „Sicherheit und Orientierung" als Kritischer Erfolgsfaktor heraus. „Selbstbestimmte Interaktion", „Individuelles Erlebnis" und „Integration" setzen sich als Wichtige Erfolgsfaktoren durch. „Neuartige Körper-Raum Sinneserfahrung", „Körper als Lernort" und „Brise körperlicher Herausforderung" sind Einfache Erfolgsfaktoren.

In der Kategorie Economy, in der Subkategorie Teambildung und Austausch stellt sich die „Methodenkenntnis" als Kritischer Erfolgsfaktor heraus. „Offene Diskussion- und Entscheidungskultur ohne Führungsanspruch" setzt sich als Wichtiger Erfolgsfaktor durch. „Multidisziplinale Teams" sind Einfache Erfolgsfaktoren. In der Subkategorie Ökonomie und Ökosystem stellt sich „Zugang zu Finanzierungsmöglichkeiten" als Kritischer Erfolgsfaktor heraus. „Informations-, Wissensvermittlung, Unterhaltung" und „Zugang zu Daten und Nutzer*innen" setzen sich als Wichtige Erfolgsfaktoren durch. „Austausch und Kooperation mit Mitbewerber*innen" ist ein Einfacher Erfolgsfaktor.

Möchte ein Unternehmen ein Serious-Virtual-Reality-Game-Projekt effizient implementieren so muss es sich primär um die Entwicklung einer Story mit individuellen Erfahrungen und der Stimulierung natürlicher sensorischer Reize kümmern, den Nutzer*innen sowohl Sicherheit und Orientierung als auch körperliches und räumliches Wohlbefinden bieten und über ausreichend finanzielle Mittel und methodisches Wissen verfügen, um die Umsetzung durchzusetzen. Sekundär muss den Nutzer*innen die Möglichkeit gegeben werden selbstständig zu entdecken, eigene Erlebnisse zu erleben während trotzdem auf Einfachheit im Umgang und auf schonende Übergänge von Raum- und Programmwechsel geachtet wird. Die Nutzer*innen müssen selbstbestimmt mit Dingen interagieren und sich in die virtuelle Welt hineinversetzt fühlen. Im Projektteam sollte eine offene Diskussions- und Entscheidungskultur ohne Führungsanspruch herrschen. Der Zugang zu Daten und Nutzer*innen sollte ebenso wie die Informations-, Wissensvermittlung und Unterhaltung beachtet werden.

3.2. Erfolgsfaktorenauswertung Nachhaltige Nutzung

Wenn ein SVRG-Projekt nachhaltig genutzt werden soll, muss definiert sein was unter Nachhaltigkeit verstanden wird. Ziel ist es, dass durch die Nutzung ein dauerhafter und langlebiger Prozess geschaffen wird. Zusätzlich soll die Ressourcennutzung dem Unternehmensprozess anpassen werden, um keine unnötigen und ungeregelten Abläufe zu haben. Dieser Definition liegen die Bewertungen der Präferenzmatrix zugrunde.

In der Kategorie Storytelling, Subkategorie Thematik und geschichtlicher Hintergrund stellt sich die „Entdeckungen" als Kritischer Erfolgsfaktor heraus. „Individuelle Erfahrungen über etwas oder sich selbst" und „Erlebnisse" setzen sich als Wichtige Erfolgsfaktoren durch. „Einzigartigkeit" und „Exklusivität" sind Einfache Erfolgsfaktoren. In der Subkategorie Räumliche Interaktion stellt sich die „Belohnung" als Kritischer Erfolgsfaktor heraus. „Vertrautheit", „Beliebtheit", „Distanzüberwindung" und „natürliche sensorische Reize" setzen sich als Wichtige Erfolgsfaktoren durch. „Bekanntheit" und „Einfachheit" und sind Einfache Erfolgsfaktoren.

In der Kategorie Experience, in der Subkategorie Nutzer*innenbedürfnisse stellt sich ein „Körperliches räumliches Wohlbefinden" als Kritischer Erfolgsfaktor heraus. „Wunsch nach Unterhaltung, Information und Wissen" setzt sich als Wichtiger Erfolgsfaktor durch. „Vertrautheit mit Medium" ist ein Einfacher Erfolgsfaktor. In der Subkategorie räumliche und körperliche Interaktion stellt sich die „Sicherheit und Orientierung" als Kritischer Erfolgsfaktor heraus. „Selbstbestimmte Interaktion", „Individuelles Erlebnis" und „Integration" setzen sich als Wichtige Erfolgsfaktoren durch. „Neuartige Körper-Raum Sinneserfahrung", „Körper als Lernort" und „Brise körperlicher Herausforderung" sind Einfache Erfolgsfaktoren.

In der Kategorie Economy, in der Subkategorie Teambildung und Austausch stellt sich die „Offene Diskussion- und Entscheidungskultur ohne Führungsanspruch" als Kritischer Erfolgsfaktor heraus. „Methodenkenntnis" setzt sich als Wichtiger Erfolgsfaktor durch. „Multidisziplinale Teams" sind Einfache Erfolgsfaktoren. In der Subkategorie Ökonomie und Ökosystem stellt sich die „Informations-, Wissensvermittlung, Unterhaltung" als Kritischer Erfolgsfaktor heraus. „Austausch und Kooperation mit Mitbewerber*innen" setzt sich als Wichtiger Erfolgsfaktor durch. „Zugang zu Daten und Nutzer*innen" und „Zugang zu Finanzierungsmöglichkeiten" sind Einfache Erfolgsfaktoren.

Damit ein Unternehmen einen nachhaltigen Nutzen aus einem SVRG-Projekt ziehen kann muss es primär die Story so gestalten, dass Nutzer*innen selbstständig Dinge entdecken und für gutes Verhalten belohnt werden. Zusätzlich sollten sie dafür sorgen, dass sich die Nutzer*innen in Sicherheit befinden, die Orientierung behalten und körperliches und räumliches Wohlbefinden verspüren und dass das Projekt der Informations- und Wissensvermittlung mit Unterhaltungselementen dient. Sekundär sollte ein Unternehmen Erlebnisse und Möglichkeiten zur individuellen Erfahrungssammlung schaffen. Die Nutzung von natürlichen sensorischen Reizen, die Vertrautheit und Beliebtheit mit dem Medium können ebenso wie die sanfte Distanzüberwindung den Erfolg einer nachhaltigen Nutzung positiv beeinflussen.

Erfolgsfaktorenvergleich von Implementierung und Nutzung

Der Vergleich der Erfolgsfaktoren geschieht über den Betrag der Abweichung der Indexwerte von „Effiziente Implementierung" und „Nachhaltige Nutzung". Keine oder geringe Abweichungen zwischen den beiden Schritten wird bei den Erfolgsfaktoren Integration, Multidisziplinare Teams, Beliebtheit, Distanzüberwindung und natürliche sensorische Reize ermittelt. Die Erfolgsfaktoren spielen in Implementierung und in der Nutzung eine ähnliche Rolle. Zugleich sinkt dabei die Fehlerquote in der Nutzwertanalyse in Zusammenhang mit den verschiedenen Abweichungen.

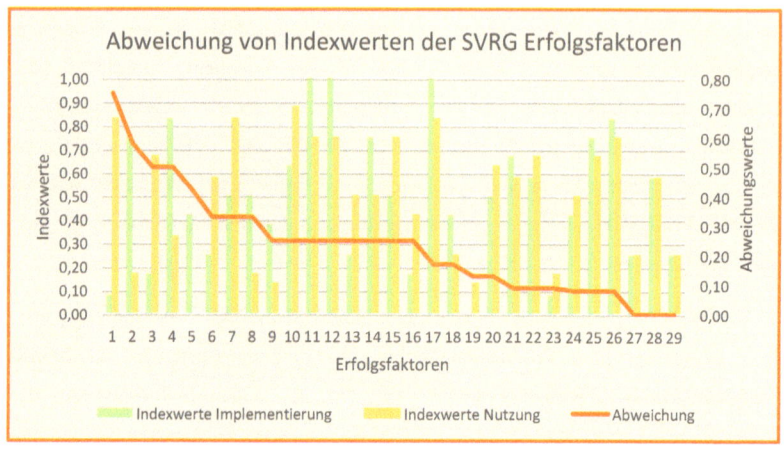

Abbildung 5: Darstellung der Abweichung von Indexwerten (Implementierung und Nutzung) der Serious-Virtual-Reality-Games Erfolgsfaktoren (eigene Abbildung)

Die fünf größten Abweichungen zwischen Implementierung und Nutzung ergeben sich in Belohnung (1), Einfachheit (2), Bekanntheit (3), Zugang zu Finanzierungsmöglichkeiten (4) und Austausch und Kooperation von Mitbewerber*innen (5). Das bedeutet, dass zwischen der Implementierung und Nutzung ein großer Gewichtungsunterschied liegt. Entweder der Erfolgsfaktor ist in der Implementierung wichtig und in der Nutzung unwichtiger oder entgegengesetzt. In der praktischen Umsetzung sollten Unternehmen auf diese Erfolgsfaktoren besonders achten, da sie in der Implementierung oder Nutzung gut differenziert werden müssen. Die Fehlerquote steigt in der Nutzwertanalyse durch eine größere Abweichung, da die Projektschritte zusammenbetrachtet werden und es zu einem Missverhältnis kommen kann.

3.3. Handlungsempfehlung: Nutzwertanalyse

„Mit der Nutzwertanalyse (NWA) steht ein Instrument zur Verfügung, das dazu geeignet ist, Handlungsalternativen systematisch zu bewerten, einzuordnen und schließlich die geeignetste zu identifizieren" (Busse von Colbe & Witte, 2018, zitiert nach Woock, Meinert, Völtzer, Nordholt & Busch, 2022, S. 16). Diese Analyseform zielt darauf ab, dass durch die Erschaffung eines prozessualen Handlungsrahmens Entscheidungen systematisch und weniger intuitiv getroffen werden. Die vollständig transparente Handlungsfolge bietet eine gute Übersichtlichkeit und Nachvollziehbarkeit. Die stringente Methode soll nicht nur zur zahlenmäßigen Erfassung von Sachverhalten genutzt werden, sondern kann auch zur Entwicklung neuer Zusammenhänge und Ermittlung komplexer Wechselwirkungen herangezogen werden (Diller & Oberding, 2018, zitiert nach Woock et al., 2022, S. 16–17).

Die Nutzwertanalyse, die wir begleitend zu unserer wissenschaftlichen Arbeit erstellt haben, soll ein Tool für Unternehmen darstellen, um den Teilnutzen einzelner Kategorien als auch den Gesamtnutzen eines SVRG-Projekts abzubilden. Die vorläufigen Gewichtungsfaktoren ergeben sich aus den Indexwerten dividiert durch alle vergebenen Punkte der Subkategorie. Der Durchschnitt der Gewichtungsfaktoren aus „Effiziente Implementierung" und „Nachhaltige Nutzung" geht in die Nutzwertanalyse ein. Die Erfolgsfaktoren wurden geordnet nach Kategorie und Subkategorie in die Nutzwertanalyse eingetragen. Der zugehörige Gewichtungsfaktor wird außerdem ein Rang zugeordnet, um direkt eine Vergleichbarkeit zu weiteren Erfolgsfaktoren herstellen zu können. Die Anwender*in bekommt die Möglichkeit Zielerfüllungsfaktoren nach eigener Unternehmenskompetenz in die Nutzwertanalyse einzutragen, von 0 „sehr schlecht" bis 10 „sehr gut" reicht die Bewertungsskala. Der Gewichtungsfaktor und der Zielerfüllungsfaktor werden multipliziert, um einen Teilnutzen zu errechnen. Sind alle Werte eingetragen erhält man den absoluten Gesamtnutzen. Der prozentuale Gesamtnutzen gibt die Erfolgschancen eines SVRG-Projekts in einem Unternehmen wieder. Die Bewertungsskala dient dabei der qualitativen Interpretation der Prozentzahl.

4. Mögliche Zukunft für Serious-Virtual-Reality-Games

Was die Zukunft für Serious-Virtual-Reality-Games bereit hält kann man natürlich nicht genau sagen, doch wenn man diese in Beziehung zur Digitalisierung und der Industrie 4.0 setzt kann man Trends erkennen. Die bedeutendsten Einflussgrößen für die Weiterentwicklung von Serious- Virtual-Reality-Games ist die künftige Entwicklung von Künstlicher Intelligenz (KI) und der Industrie 4.0.

Die KI bietet ebenfalls ein hohes Potenzial an Möglichkeiten, heutzutage wird diese schon in Computer- und Videospielen implementiert wie zum Beispiel in Grand Theft Auto: The Triology – The Definitive Edition. Schon 1997 hat die KI namens Deep Blue den damaligen Weltmeister im Schach Gary Kasparow besiegt und im Jahr 2010 gewann eine KI namens Watson in der Quizshow Jeopardy (Bauckhage, Kersting & Thurau, 2014, S. 532). „Künstliche Intelligenz definiert sich über das maschinelle Lernen sowie über autonomes Entscheiden und Handeln. Anwendungen in der Produktion befinden sich, je nach Definition […], in der Experimentier- oder Pilotphase" (Mockenhaupt, 2021, S. 35).

19

Daran kann man erkennen, wie schnell die Entwicklung voranschreitet. Die Digitalisierung scheint einem exponentiellen Wachstum zu unterliegen, weshalb eine genaue Vorhersage nahezu unmöglich ist. Schaut man auf die Gaming-Industrie sieht man, dass die KI für diverse Zwecke eingesetzt werden kann. Sie übernimmt zum Beispiel in MMORGs (Massively Multiplayer Online Role Playing Games), die Rolle virtueller Charaktere, um zusammen mit der Spieler*in Aufgaben zu lösen. Dabei ist sie schon in der Lage zu reagieren und sich zu entwickeln und sich an dem Geschehen anzupassen. Damit ein Spiel erfolgreich ist, was an den Kommerziellen Erfolg gebunden ist, muss die Grafik, die Physik und der Spielspaß in allen Aspekten zum Spiel passen. Da auch die Anforderungen der Kunden immer weiter wachsen ist es für die Publisher schwer mit ihren Konkurrent*innen mitzuhalten. Deshalb beginnen Spieleproduzenten eine KI einzusetzen, welche sie bei der Programmierung und Entwicklung unterstützt und generell die Arbeit erleichtert. Die KI wird in der Gaming-Branche inzwischen nicht nur im Spiel selbst verwendet, sondern auch zum Beispiel in der Analyse von Spieler*innenzufriedenheit. Diese hat einen Zugriff die Log-Dateien des Spiels und kann statistisch alle vorhanden Daten in Bezug setzen, um bei künftigen Projekten Werte zu liefern, welche zum besseren Zukunftserfolg benutzt werden können (Bauckhage et al., 2014, S. 536).

Allerdings dient die KI nicht ausschließlich der Unterhaltungsbranche, sondern wird auch schon in der Fahrzeugindustrie weitgehend eingesetzt. Dabei unterstützt sie vorwiegend bei Fragen bezüglich „[…] der Modellierung und Erkennung menschlichen Verhaltens" (Bauckhage et al., 2014, S. 531). Dadurch können bestimmt Bereiche, wie die Produktivität, als auch die Sicherheit der Kunden, gesteigert werden. Dies führt auch zur Absatzsteigerung, da sich die Präferenz der Kunden in Richtung Sicherheit in den letzten Jahren deutlich weiterentwickelt hat. Es wird generell Wert daraufgelegt, dass einerseits die körperliche Sicherheit, als auch die Sicherheit der Daten, gegeben ist. Hier fällt oft das Wort der Industrie 4.0. Sie ist das Konstrukt einer revolutionierten Industrie unter den Einflüssen der Digitalisierung. Sie beschreibt „[…] Vernetzung, Internet der Dinge, flexible Produktion, Mensch-Roboter-Kollaboration, Augmented Reality, additive Fertigung und Big Data" (Lehmann et al., 2021, S. 247).

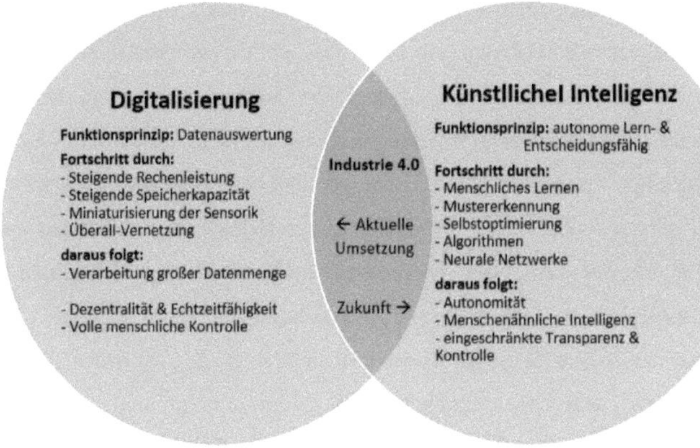

Abbildung 6: Abgrenzung Digitalisierung, Industrie 4.0 und Künstliche Intelligenz (Mockenhaupt, 2021, S. 36)

„Bei Industrie 4.0 ist es die Vernetzung von Maschinen und Produkten, welche innovativ wirkt. Hinzu treten die Miniaturisierung und Einbettung der Sensorik in Maschinen und Produkten, die mehr und vor allem bessere Daten liefern. Die aktuelle Umsetzung in der Produktion wird noch von der Datenauswertung bestimmt, „Intelligenz" in Form der schwachen KI tritt aktuell hinzu" (Mockenhaupt, 2021, S. 35).

Bei dieser Vernetzung handelt es sich um eine verbesserte interne Struktur, mit welcher man einen schnelleren und direkteren Informationsfluss erreichen kann. Das „Internet der Dinge" ist ein Sammelbegriff für Technologien, mit denen man Objekte physisch und virtuell miteinander verbinden kann, um sie mittels Informations- und Kommunikationstechniken besser zu vernetzen. Die „flexible Produktion" und der Begriff der „Smart Factory" sind inhaltlich kompatibel, da beide von einer an die Nachfrage angepassten Produktion reden. Somit kann ein produzierendes Unternehmen unter anderem eine Überproduktion verhindern und die Entstehung von Ladenhütern (Produkte, die nicht oder selten verkauft werden) zu verringern. Eine „Mensch-Roboter-Kollaboration" ist eine Beschreibung dafür, dass Mensch und Maschine in einer ideellen Zusammenarbeit stehen, obwohl es sich dabei um wesensfremde Parteien handelt. Die Augmented Reality (erweiterte Realität) beschreibt die computergestützte Erweiterung der Realitätswahrnehmung. Diese Erweiterung bezieht sich nicht nur auf das visuelle Erleben einer Situation, sondern auf alle menschlichen Sinnesmodalitäten. Ein großer Vorteil, den man dank der Augmented Reality erhält, ist komplexe Produkte einfacher darzustellen. Dies steigert das Erinnerungsvermögen, sodass Produkte schneller wiedererkannt werden und Probleme verstanden und in schnellere Zeit gelöst werden können. „Additive Fertigung", auch bekannt als 3D-Druck, ist ein revolutionärer Fortschritt in unserer Wirtschaft, da man einfacher einzigartige Teile produzieren kann, welche mit herkömmlichen Fertigungsverfahren zeit-, aufwands- und kostenintensiver wären. Außerdem ist es möglich, diverse Rohmaterialien für den 3D-Druck zu verwenden, bis hin zu organischen Materialien. Dadurch ist ein immenser Fortschritt im medizinischen Bereich zu verzeichnen und lässt in Zukunft noch viel erhoffen. „Big Data" wiederum stammt aus dem Englischen und beschreibt den engen Zusammenhang zwischen komplexen Prozessen und deren digitaler Verarbeitung und großen Massen, wie zum Beispiel bei politischen Wahlen. Jedoch besitzt Big Data auch Negativassoziationen, wie der zunehmenden Überwachung und Verletzung von Persönlichkeitsrechten (siehe Nord-Korea). Wenn man es schafft von diesen Negativbeispielen wegzukommen, zu den diversen Möglichkeiten die Big Data liefert könnte es möglicherweise eine starke Informationsquelle für künstliche Intelligenzen sein. Diese hat die Möglichkeit die große Datenmenge zu erforschen und zu bewerten, woraus die Menschheit wichtige Schlussfolgerungen ziehen kann (Lehmann et al., 2021, 247 ff.). „Die KI könnte durch Experten lernen und sich selbstständig weiterentwickeln" (Huber & Alt, 2020, S. 123). Dies bedeutet, dass einer KI auch erst beigebracht werden muss, wie man Sachverhalte lernt und anwenden kann. Aufgrund der Menge an Wissen sind ein oder mehrere Experten erforderlich. Eine KI könnte auch in Zukunft dafür genutzt werden in verschiedensten Zweigen der Arbeitswelt als Ausbilder selbst zu fungieren und Menschen auszubilden. Die „Digitalisierung und Künstliche Intelligenz beeinflusst die Arbeitswelt bereits jetzt stark, dieser Trend wird sich noch beschleunigen" (Mockenhaupt, 2021, S. 19). Da spezielle Bereiche, wie die Medizin, eine hohe Komplexität in möglichen Problemstellungen aufweisen, könnten wir eine KI zur Unterstützung einsetzen, welche einerseits als Aus- oder Weiterbildungstool funktioniert oder als direkte Hilfestellung dem Arzt zur Seite steht, wie zum Beispiel in einem Operationssaal. Verschiedenste Szenarien können realistisch, dank Virtueller Realität, erstellt werden. Somit kann die KI einen Beitrag dazu leisten Trainingssysteme mit komplexen Anforderungen, wie der chirurgischen Ausbildung, zu verbessern und weiterzuentwickeln (Huber & Alt, 2020, S. 123–124).

Die Änderung in Richtung Industrie 4.0 hat auch Auswirkungen auf die Arbeitswelt und zum Beispiel auch auf das Personalmanagement (HR 4.0). „Recruiting 4.0 […] steht für die digital gestützte Personalsuche und den digitalen Bewerbungsprozess mit erhöhter Geschwindigkeit und Effizienz, optimiert für Anwendungen. Recruiting 4.0 beinhaltet zumeist des Robot-Recruiting" (Mockenhaupt, 2021, S. 24).

Résumé

Im Rahmen dieser Arbeit haben wir uns mit der Ermittlung, mithilfe Literaturrecherche und Bewertung, mittels einer Prioritätenanalyse, von Erfolgsfaktoren für Serious-Virtual-Reality-Games-Projekten beschäftigt. Mit der Implementierung und Nutzung haben wir ein Projekt vereinfacht dargestellt und der Leser*in aufgezeigt wie die Wichtigkeit von Erfolgsfaktoren zwischen einzelnen Projektschritten schwanken können. Mittels einer im Anhang vorbereiteten Nutzwertanalyse können Unternehmen in wenigen Minuten überprüfen, ob sie fit für ein SVRG-Projekt sind und wo Verbesserungspotenzial besteht.

Für ein erfolgreiches SVRG-Projekt sind folgende Erfolgsfaktoren für eine effiziente Implementierung und für eine nachhaltige Nutzung notwendig:

Implementierung:

- Individuelle Erfahrungen sind für 40% des Erfolges innerhalb der Thematik und des geschichtlichen Hintergrunds,
- Natürliche sensorische Reize sind für 24% des Erfolges innerhalb der Räumlichen Interaktion,
- Körperliches räumliches Wohlbefinden ist für 67% des Erfolgs innerhalb der Nutzer*innenbedürfnisse,
- Sicherheit und Orientierung sind für 29% des Erfolgs innerhalb räumlicher und körperlicher Interaktion,
- Methodenkenntnis ist für 50% des Erfolgs innerhalb Teambildung und Austausch,
- Zugang zu Finanzierungsmöglichkeiten ist für 42% des Erfolgs innerhalb Ökonomie und Ökosystem verantwortlich.

Nutzung:

- Entdeckungen sind für 35% des Erfolges innerhalb der Thematik und des geschichtlichen Hintergrunds,
- Belohnungen sind für 24 % des Erfolges innerhalb der Räumlichen Interaktion,
- Körperliches räumliches Wohlbefinden ist für 50% des Erfolgs innerhalb der Nutzer*innenbedürfnisse,
- Sicherheit und Orientierung sind für 24% des Erfolgs innerhalb räumlicher und körperlicher Interaktion,
- Offene Diskussions- und Entscheidungskultur ohne Führungsanspruch ist für 50% des Erfolgs innerhalb räumlicher und körperlicher Interaktion,

- Informations-, Wissensvermittlung und Unterhaltung sind für 42% des Erfolgs innerhalb Ökonomie und Ökosystem verantwortlich.

Literaturverzeichnis

DIHK. (2021). IHK-Umfrage - Digitalisierung mit Herausforderungen.

GfK. (2021). Umfrage zur Digitalisierung im deutschen Mittelstand nach Art der Vorhaben bis 2019.

Groß, C. & Pfennig, R. (2019). *Digitalisierung in Industrie, Handel und Logistik Leitfaden von der Prozessanalyse bis zur Einsatzoptimierung* (Springer eBooks Business and Economics, 2., aktualisierte und erweiterte Auflage). Wiesbaden: Springer Gabler. https://doi.org/10.1007/978-3-658-26095-8

Lehmann, L., Engelhardt, D. & Wilke, W. (2021). *Kompetenzen für die digitale Transformation 2020 Digitalisierung der Arbeit - Kompetenzen - Nachhaltigkeit : 1. Digitalkompetenz-Tagung* (Springer eBook Collection). Berlin: Springer Vieweg. https://doi.org/10.1007/978-3-662-62866-9

Mockenhaupt, A. (2021). *Digitalisierung und Künstliche Intelligenz in der Produktion Grundlagen und Anwendung* (Springer eBook Collection). Wiesbaden: Springer Vieweg. https://doi.org/10.1007/978-3-658-32773-6

TNS Infratest. (2014). Wirtschaft

Checa, D. & Bustillo, A. (2019). A review of immersive virtual reality serious games to enhance learning and training. *Multimedia tools and applications*, *79*(9-10), 5501–5527. https://doi.org/10.1007/s11042-019-08348-9

Checa, D., Miguel-Alonso, I. & Bustillo, A. (2021). Immersive virtual-reality computer-assembly serious game to enhance autonomous learning. *Virtual Reality*, 1–18. https://doi.org/10.1007/s10055-021-00607-1

Fischer-Stabel, P. (2018). *Datenvisualisierung. Vom Diagramm zur Virtual Reality* (UTB, Bd. 5028). Stuttgart, München, [Konstanz]: UTB GmbH; UVK Verlag. https://doi.org/10.36198/9783838550282

Schmalen, Kunert, Weindlmaier. (2006). Erfolgsfaktorenforschung: Theoretische Grundlagen, methodische Vorgehensweise und Anwendungserfahrungen in Projekten für die Ernährungsindustrie.

Strahringer, S. & Leyh, C. (Hrsg.). (2017). *Gamification und Serious Games : Grundlagen, Vorgehen und Anwendungen. Grundlagen, Vorgehen und Anwendungen* (SpringerLink Bücher) [Place of publication not identified]: Springer Science and Business Media; Springer Vieweg. https://doi.org/10.1007/978-3-658-16742-4

Frederick Joseph F. (2016). Defining Serious Games. Zugriff am 26.06.2022. Verfügbar unter: https://flowleadership.org/serious-games/

Wolff, G., Hermann, M. & Niggemann, M. (2004). Quo vadis Erfolgsfaktorenforschung? Jahrbücher für Nationalökonomie und Statistik, 224(1-2), 263–269. https://doi.org/10.1515/jbnst-2004-1-219

Langer, E. (2020). Medieninnovationen AR und VR. Berlin, Heidelberg: Springer Berlin Heidelberg. https://doi.org/10.1007/978-3-662-60826-5

Bauckhage, C., Kersting, K. & Thurau, C. (2014). Künstliche Intelligenz für Computerspiele: Historische Entwicklung und aktuelle Trends. Informatik-Spektrum, 37(6), 531–538. https://doi.org/10.1007/s00287-014-0822-4

Huber, M. & Alt, V. (2020). Künstliche Intelligenz in der Ausbildung. Arthroskopie, 34(2), 123–125. https://doi.org/10.1007/s00142-020-00425-8

Woock, K., Meinert, N., Völtzer, L., Nordholt, P. & Busch, S. (2022). Nutzwertanalyse: Optionen systematisch bewerten. *Pflegezeitschrift*, 75(6), 16–19. https://doi.org/10.1007/s41906-022-1254-4

Anhang

Präferenzanalyse (Implementierung):

Implementierung

Storytelling — Thematik und geschichtlicher Hintergrund

Storytelling		Einzigartigkeit	Exklusivität	Entdeckungen	Erlebnisse	Individuelle Erfahrungen über etwas oder sich selbst
Inhalt, Geschichte, Thema	Einzigartigkeit	x	2	2	2	2
	Exklusivität	0	x	2	1	2
	Entdeckungen	0	0	x	1	2
	Erlebnisse	0	1	1	x	2
	Individuelle Erfahrungen über etwas oder sich selbst	0	0	0	0	x
	Summe	0	3	5	4	8
	Index	0,00	0,38	0,63	0,50	1,00
	Gewichtungsfaktor	0	0,15	0,25	0,2	0,4
	Rang	5	4	2	3	1

Storytelling — Räumliche Interaktion

Storytelling		Bekanntheit	Vertrautheit	Beliebtheit	Distanzüberwindung	Einfachheit	natürliche sensorische Reize	Belohnung
Raum, Interaktion	Bekanntheit	x	1	1	1	2	2	0
	Vertrautheit	1	x	1	2	2	2	1
	Beliebtheit	1	1	x	2	1	2	0
	Distanzüberwindung	0	0	0	x	1	1	0
	Einfachheit	0	0	1	1	x	1	0
	natürliche sensorische Reize	1	0	0	1	1	x	0
	Belohnung	2	1	2	2	2	2	x
	Summe	5	3	5	9	9	10	1
	Index	0,42	0,25	0,42	0,75	0,75	0,83	0,08
	Gewichtungsfaktor	0,12	0,07	0,12	0,21	0,21	0,24	0,02
	Rang	4	6	4	2	2	1	7

Experience — Nutzer*innenbedürfnisse

Implementierung

Nutzerbedürfnisse, Allgemein	Vertrautheit mit Medium	Körperliches räumliches Wohlbefinden	Wunsch nach Unterhaltung, Information und Wissen
Vertrautheit mit Medium	x	2	1
Körperliches räumliches Wohlbefinden	0	x	0
Wunsch nach Unterhaltung, Information und Wissen	1	2	x
Summe	1	4	1
Index	0,25	1,00	0,25
Gewichtungsfaktor	0,17	0,67	0,17
Rang	2	1	2

Experience — Räumliche und körperliche Interaktion

Interaktion, Körper, Raum, Heldenreise	Selbstbestimmte Interaktion	Individuelles Erlebnis	Integration	neuartige Körper-Raum Sinneserfahrung	Körper als Lernort	Sicherheit und Orientierung	Brise körperlicher Herausforderung
Selbstbestimmte Interaktion	x	1	1	0	0	0	0
Individuelles Erlebnis	1	x	1	0	0	0	0
Integration	1	x	x	1	0	0	1
neuartige Körper-Raum Sinneserfahrung	2	1	x	x	0	2	1
Körper als Lernort	0	0	0	2	x	0	0
Sicherheit und Orientierung	2	2	2	1	1	x	1
Brise körperlicher Herausforderung						2	x
Summe	8	7	7	5	1	12	
Index	0,67	0,58	0,58	0,42	0,08	1,00	
Gewichtungsfaktor	0,19	0,17	0,17	0,12	0,02	0,29	
Rang	2	3	3	5	7	1	

Economy — Teambildung und Austausch

Implementierung

Team, Produktion	Multidisziplinale Teams	Methodenkenntnis	Offene Diskussions- und Entscheidungskultur ohne Führungsanspruch
Multidisziplinale Teams	x	2	1
Methodenkenntnis	0	x	1
Offene Diskussions- und Entscheidungskultur ohne Führungsanspruch	1	1	x
Summe	1	3	2
Index	0,25	0,75	0,50
Gewichtungsfaktor	0,17	0,50	0,33
Rang	3	1	2

Economy — Ökonomie und Ökosystem

Ökonomie, Marktpotenzial, Ökosystem	Zugang zu Finanzierungsmöglichkeiten	Informations-, Wissensvermittlung, Unterhaltung	Austausch und Kooperation mit Mitbewerber*innen	Zugang zu Daten und Nutzer*innen
Zugang zu Finanzierungsmöglichkeiten	x	0	0	1
Informations-, Wissensvermittlung, Unterhaltung	2	x	x	1
Austausch und Kooperation mit Mitbewerber*innen	2	2	x	1
Zugang zu Daten und Nutzer*innen	1	1	1	x
Summe	5	3	1	3
Index	0,83	0,50	0,17	0,50
Gewichtungsfaktor	0,42	0,25	0,08	0,25
Rang	1	2	4	2

Präferenzanalyse (Nutzung):

Storytelling — Thematik und geschichtlicher Hintergrund

Inhalt, Geschichte, Thema	Einzigartigkeit	Exklusivität	Entdeckungen	Erlebnisse	Individuelle Erfahrungen über etwas oder sich selbst
Einzigartigkeit	x	1	2	2	2
Exklusivität	1	x	2	2	2
Entdeckungen	0	0	x	0	1
Erlebnisse	0	0	2	x	1
Individuelle Erfahrungen über etwas oder sich selbst	0	0	1	1	x
Summe	1	1	7	5	6
Index	0,13	0,13	0,88	0,63	0,75
Gewichtungsfaktor	0,05	0,05	0,35	0,25	0,3
Rang	4	4	1	3	2

Storytelling — Räumliche Interaktion

Raum, Interaktion	Bekanntheit	Vertrautheit	Beliebtheit	Distanzüberwindung	Einfachheit	natürliche sensorische Reize	Belohnung
Bekanntheit	x	2	2	2	2	2	2
Vertrautheit	0	x	1	1	0	1	1
Beliebtheit	0	1	x	2	0	1	2
Distanzüberwindung	0	1	0	x	0	2	2
Einfachheit	0	2	2	2	x	2	2
natürliche sensorische Reize	0	0	1	1	0	x	1
Belohnung	0	1	0	0	0	1	x
Summe	0	7	6	8	2	9	10
Index	0,00	0,58	0,50	0,67	0,17	0,75	0,83
Gewichtungsfaktor	0,00	0,17	0,14	0,19	0,05	0,21	0,24
Rang	7	4	5	3	6	2	1

Experience — Nutzer*innenbedürfnisse

Nutzerbedürfnisse, Allgemein	Vertrautheit mit Medium	Körperliches räumliches Wohlbefinden	Wunsch nach Unterhaltung, Information und Wissen
Vertrautheit mit Medium	x	2	1
Körperliches räumliches Wohlbefinden	0	x	1
Wunsch nach Unterhaltung, Information und Wissen	1	1	x
Summe	1	3	2
Index	0,25	0,75	0,50
Gewichtungsfaktor	0,17	0,50	0,33
Rang	3	1	2

Experience

Räumliche und körperliche Interaktion

Interaktion, Körper, Raum, Heidemrise	Selbstbestimmte Interaktion	Individuelles Erlebnis	Integration	neuartige Körper-Raum Sinneserfahrung	Körper als Lernort	Sicherheit und Orientierung	Brise körperlicher Herausforderung
Selbstbestimmte Interaktion	x	1	1	0	0	2	1
Individuelles Erlebnis	1	x	1	0	0	1	2
Integration	2	x	x	1	0	1	0
neuartige Körper-Raum Sinneserfahrung	2	2	1	x	1	2	1
Körper als Lernort	0	2	1	x	x	2	1
Sicherheit und Orientierung	1	1	2	1	0	x	0
Brise körperlicher Herausforderung	0	0	1	1	1	2	x
Summe	7	8	7	3	2	10	5
Index	0,58	0,67	0,58	0,25	0,17	0,83	0,42
Gewichtungsfaktor	0,17	0,19	0,17	0,07	0,05	0,24	0,12
Rang	3	2	3	6	7	1	5

Economy

Teambildung und Austausch

Team, Produktion	Multidisziplinale Teams	Methodenkenntnis	Offene Diskussions- und Entscheidungskultur ohne Führungsanspruch
Multidisziplinale Teams	x	1	1
Methodenkenntnis	x	x	1
Offene Diskussions- und Entscheidungskultur ohne Führungsanspruch	0	1	x
Summe	1	2	3
Index	0,25	0,50	0,75
Gewichtungsfaktor	0,17	0,33	0,50
Rang	3	2	1

Economy

Ökonomie und Ökosystem

Ökonomie, Marktpotenzial, Ökosystem	Zugang zu Finanzierungsmöglichkeiten	Informations-, Wissensvermittlung, Unterhaltung	Austausch und Kooperation mit Mitbewerber*innen	Zugang zu Daten und Nutzern*innen
Zugang zu Finanzierungsmöglichkeiten	x	2	1	1
Informations-, Wissensvermittlung, Unterhaltung	0	x	1	0
Austausch und Kooperation mit Mitbewerber*innen	1	1	x	0
Zugang zu Daten und Nutzern*innen	1	2	2	x
Summe	2	5	4	1
Index	0,33	0,83	0,67	0,17
Gewichtungsfaktor	0,17	0,42	0,33	0,08
Rang	3	1	2	4

Nachhaltige Nutzung

Nutzwertanalyse

Nutzwertanalyse

Kategorie	Subkategorie	Erfolgsfaktor	Gewichtungsfaktor	Rang	Zielerfüllungsfaktor	Teilnutzen
	Thematik und geschichtlicher Hintergrund	Einzigartigkeit	0,03	29		0,00
		Exklusivität	0,10	24		0,00
		Entdeckungen	0,30	6		0,00
		Erlebnisse	0,23	11		0,00
		Individuelle Erfahrungen über etwas oder sich selbst	0,35	4		0,00
Storytelling		Bekanntheit	0,06	27		0,00
		Vertrautheit	0,12	23		0,00
		Beliebtheit	0,13	20		0,00
	Räumliche Interaktion	Distanzüberwindung	0,20	13		0,00
		Einfachheit	0,13	20		0,00
		natürliche sensorische Reize	0,23	10		0,00
		Belohnung	0,13	20		0,00
		Vertrautheit mit Medium	0,17	16		0,00
	Nutzer*innenbedürfnisse	Körperliches räumliches Wohlbefinden	0,58	1		0,00
		Wunsch nach Unterhaltung, Information und Wissen	0,25	9		0,00
		Selbstbestimmte Interaktion	0,18	14		0,00
		Individuelles Erlebnis	0,18	14		0,00
Experience	Räumliche und körperliche Interaktion	Integration	0,17	16		0,00
		neuartige Körper-Raum Sinneserfahrung	0,10	25		0,00
		Körper als Lernort	0,04	28		0,00
		Sicherheit und Orientierung	0,26	8		0,00
		Brise körperlicher Herausforderung	0,08	26		0,00
		Multidisziplinäre ~eams	0,17	16		0,00
	Teambildung und Austausch	Methodenkenntnis	0,42	2		0,00
		Offene Diskussions- und Entscheidungskultur ohne Führungsanspruch	0,42	2		0,00
Economy	Ökonomie und Ökosystem	Zugang zu Finanzierungsmöglichkeiten	0,29	7		0,00
		Informations-, Wissensvermittlung, Unterhaltung	0,33	5		0,00
		Austausch und Kooperation mit Mitbewerber*innen	0,21	12		0,00
		Zugang zu Daten und Nutzer*innen	0,17	16		0,00
					Gesamtnutzen absolut	0,00
					prozentuell	0,00%

Bewertungsskala

0	Sehr schlecht
1	
2	
3	
4	
5	
6	
7	
8	
9	
10	Sehr gut

31

Zu Abbildung 5

Zusatz für: Abweichung von Indexwerten der SVRG Erfolgsfaktoren	
Nummer	**Erfolgsfaktoren**
1	Belohnungen
2	Einfachheit
3	Austausch und Kooperation mit Mitbewerber*innen
4	Zugang zu Finanzierungsmöglichkeiten
5	Bekanntheit
6	Vertrautheit
7	Informations-, Wissensvermittlung, Unterhaltung
8	Zugang zu Daten und Nutzer*innen
9	Exklusivität
10	Entdeckungen
11	Individuelle Erfahrungeen über etwas oder sich selbst
12	Körperliches räumliches Wohlbefinden
13	Wunsch nach Unterhaltung, Information und Wissen
14	Methodenkenntnis
15	Offene Diskussions- und Entscheidungskultur ohne Führungsanspruch
16	Brise körperlicher Herausforderung
17	Sicherheit und Orientierung
18	neuartige Körper-Raum Sinneserfahrung
19	Einzigartigkeit
20	Erlebnisse
21	Selbstbestimmte Interaktion
22	Individuelles Erlebnis
23	Körper als Lernort
24	Belibtheit
25	Distanzüberwindung
26	natürliche sensorische Reize
27	Vertrautheit mit Medium
28	Integration
29	Multidisziplinale Teams